AF337637

CONSTANTINE

EXPÉDITIONS FRANÇAISES,

(1836 - 1837)

SUIVIES

D'UN RÉCIT EXACT ET CIRCONSTANCIÉ, EN VERS,

SUR LE SIÉGE ET LA PRISE DE CETTE VILLE,

PAR

M. FOURQUET-D'HACHETTE,

MEMBRE DE PLUSIEURS ACADÉMIES LITTÉRAIRES ET DE SOCIÉTÉS SAVANTES, ETC.

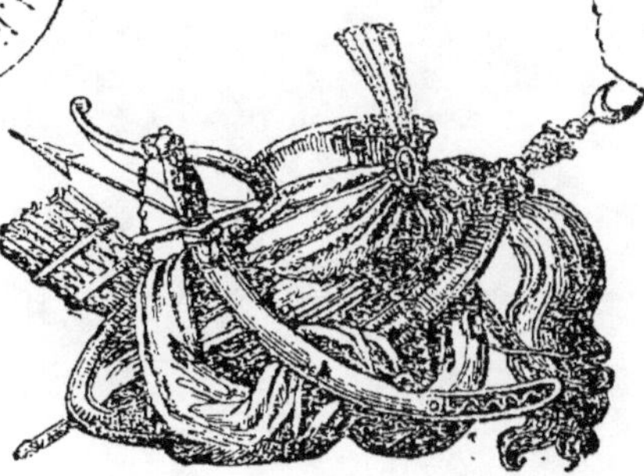

PARIS,

IMPRIMERIE DE POUSSIELGUE, MASSON ET Cie,

rue Croix-des-Petits-Champs, 29.

1852

CONSTANTINE.

SITUATION

ET

CONQUÊTE DE CETTE PROVINCE AFRICAINE.

L'ancien beylick de Constantine était non seulement le plus important des trois dont se composait la régence d'Alger, mais il en était encore le plus riche et le plus étendu. Il avait pour bornes à l'est le royaume de Tunis, à l'ouest le Schott et le Jurjura, le désert au sud et la Méditerranée au nord. Il est parcouru par diverses chaînes de montagnes, tantôt élevées de douze à quinze cents mètres, et s'abaissant jusqu'à deux ou trois cents mètres : le Jurjura, le petit Atlas et le Gabel-Aurès.

Au centre de ce dernier se trouvent diverses vallées et cours d'eau, dont le plus grand nombre se dirige vers la Méditerranée ; les autres se perdent dans les terres ou les sables. Les principales rivières sont le Summah, El-Kebir, la Seybouse, le cours supérieur de la Mejerdah, et l'Adjedid, qui se termine vers Turgurth.

De grandes villes, de nombreuses bourgades, composent la province de Constantine. Sur le littoral nous comptons Bougie, Gigelli, Collo, Stora, Bone ; au-delà du petit Atlas, CONSTANTINE, Milah, Sétif, Mejanah, Zamorah, Biscara, Tripla, Calet, Senan ; enfin, au désert, Ouergala et Turgurth.

Lors de notre expédition en 1830, voici le pouvoir qui dominait à CONSTANTINE :

Hussein-Pacha avait nommé bey de cette province Ahmed-el-Kadji, Kouloukli qui, jeune encore, avait pris du service dans ses troupes, et dont le père, ancien bey de CONSTANTINE, fut étranglé lorsque son fils n'était encore qu'un enfant. Peu avant la capitulation, Ahmed se trouvait à Alger ; n'ayant pu persuader à Hussein de le suivre à CONSTANTINE, il reprit avec les troupes qui l'avaient accompagné le chemin de cette dernière ville.

Durant son absence une révolution s'était opérée ; les turcs qui formaient la garnison avaient proclamé sa déchéance, nommé un autre bey, et les portes lui furent fermées.

Le bruit de nos triomphes, l'incertitude des événements avaient jeté le trouble et la stupeur dans l'esprit des Constantinois, et Kuchuck-Ali, le bey révolté, n'eut pas le temps d'assurer sa puissance ; les Kabyles, séduits par les promesses d'Ahmed, formèrent à celui-ci un parti très considérable ; avec eux et à l'aide de ses amis, restés à CONSTANTINE, il ressaisit le pouvoir et se défit de Kuchuck, ainsi que de la milice turque et de tous ceux de cette nation dont il convoitait la fortune ou craignait soit la concurrence au pouvoir, soit les sourdes menées. Libre alors de toute inquiétude de ce côté, il prit le titre de pacha ; quelque argent, par lui secrètement distribué à Constantinople, lui fit confirmer cette dignité par le grand-seigneur.

Déjà nous avions obtenu par les armes la soumission d'un grand nombre de tribus dépendantes du beylick, et son entière conquête nous devait rendre tous nos établissements. L'occupation de la Calle s'était effectuée sans résistance, les Arabes s'attachaient à nous ; Youssouf était des nôtres, et tout présageait une heureuse issue à l'entreprise qui serait faite à cet égard. Les habitants de CONSTANTINE et un grand nombre de tribus qui se fussent jointes à nous pour renverser le despote dont les cruautés les exaspéraient s'étonnaient euxmêmes de notre insouciance envers eux. Cinq années s'étaient en effet écoulées depuis la conquête d'Alger ; mais ils ignoraient toutes les difficultés suscitées au maréchal Clauzel par le ministère français, qui tantôt contrariait les plans de campagne de ce général en chef, tantôt lui refusait des renforts : peu à peu le nombre des malades et des blessés s'était accru, le maréchal demandait qu'on complétât son effectif réel ; il disait ses ressources, la situation de la province ; des promesses lui étaient faites ; elles ne furent pas remplies. Les Chambres n'accordaient que dix-sept mille hommes, et cependant le ministère, répondant à M. le maréchal Clauzel, avait promis le double. Le maréchal, longtemps indécis, crut enfin ne pas devoir ajourner une campagne dont le retard trop longtemps prolongé pouvait faire douter des forces ou des volontés de la France, et qui semblait même compromettre notre possession sur les autres points de la conquête.

Bientôt, le 12 février 1837, le *comte Damrémont* vint remplacer ce maréchal ; le général Bugeaud fut envoyé de France à Oran en qualité de gouverneur particulier, avec des instructions qui de fait le plaçaient dans une sorte de dépendance du gouverneur général. Le nouveau gouverneur d'Oran traita directement avec l'émir Abd-el-Kader ; ce traité, dit *de la Tafna*, a donné lieu a de nombreuses et vives accusations. De son côté le *comte Damrémont* essayait de négocier avec Ahmed ; il fallut enfin lui faire la guerre. Une année s'était écoulée entre les deux expéditions, et le 6 octobre 1837 nous étions devant CONSTANTINE. Toutes les dispositions d'attaque furent rapidement décidées et accomplies. Déjà la brèche était ouverte ; le *comte Damrémont* mit pied à terre, et presque aussitôt un boulet ennemi le laissa sans vie.

Le *Général Perregaux*, frappé dans ce même moment par une balle ennemie, qui l'atteignit au visage, mourut des suites de cette blessure peu de temps après le trépas de son illustre ami et compagnon d'armes le maréchal *Damrémont*. Nous eûmes à regretter encore les vaillants colonels *Combes* et *Richepanse*, qui tous les deux furent aussi tués pendant le siége de CONSTANTINE.

Après tant de lauriers cueillis sur le sol africain par notre jeune armée, la prise de CONSTANTINE a ajouté à notre gloire nationale une de ces palmes qui immortalisent les nations !... Ce qui vient nous prouver incontestablement que, chez les Français, la gloire est héréditaire ! Comment ne comprendrait-on pas une telle vérité, puisque les fils de ceux qui, jadis, ont marché

sous les étendards de nos vieilles et immortelles pha-
langes guerrières n'ont point dégénéré en se montrant
dignes de leurs pères.

Constantine est un de ces faits d'armes tellement
beau qu'il en est peu qui puissent lui être comparés,
vu tous les obstacles que la nature semble avoir élevés
tout exprès pour rendre cette ville imprenable. Cependant elle est tombée en notre pouvoir, malgré les nombreuses difficultés qui s'offraient à la vue des assiégeants,
auxquels les assiégés, indépendamment des obstacles
naturels, venaient encore opposer, pour leur défense
respective, une nombreuse artillerie, qui, du haut des
remparts de Constantine, vomissait de sa bouche en-
flammée des milliers de boulets et de projectiles de
toute espèce, dont les effets désastreux entravaient non
seulement les dispositions de ce siége mémorable, mais
ils portaient dans les rangs de nos braves soldats la dé-
solation ou la mort.

Enfin, on peut le répéter avec orgueil, la prise de
Constantine (1), en ajoutant un éclat de plus à notre
grandeur nationale, a fait inscrire légitimement, dans les
fastes militaires de la France, le nom des vainqueurs de
cette cité africaine!... Nom dont le souvenir doit à
jamais en perpétuer l'héroïque et glorieuse mémoire.

Que pouvait-on espérer de la prise de Constantine?
D'abord pour la faire servir de lieu de repos aux divers
corps d'armées disséminés sur tous les points de cette
province, lesquelles troupes pourraient avoir besoin de
se délasser de leur fatigue, sans avoir à redouter l'in-

(1) Le 14 octobre 1837.

tempérie des saisons. Ensuite, comme un centre de ralliement contre toutes les révoltes ou attaques suscitées par quelques ambitieux qui, en se couvrant du masque de la religion, espèrent non seulement sortir de l'obscurité où le destin les a placés, mais encore s'enrichir aux dépens de ces peuplades fanatiques et crédules.

Pour nous venger d'une insulte faite à la France, en la personne de son consul, feu M. Duval, nous avons attaqué et pris Alger, puni, par un exil forcé, le farouche et insatiable Ahmet, ce chef suprême de la piraterie, dont les audacieuses entreprtses, sur la mer Méditerranée, désolaient toutes les nations du monde... Nous avons conquis l'Algérie malgré l'Angleterre qui, depuis longtemps, regardait cette possession comme devant un jour lui appartenir, dût-elle s'en emparer ainsi qu'elle l'a fait de Gibraltar!... Mais l'Algérie est à nous, et nous la garderons!... de même que toutes les cités de l'intérieur de l'Afrique tombées, jusqu'à ce jour, en notre pouvoir et dans le sein desquelles nous resterons également ; car telle est notre volonté! Quand après avoir fait la conquête de tant de villes, réputées imprenables, pourrait-il paraître étonnant que nous ayons fait celle de CONSTANTINE.

Deux artistes à talents, MM. DUCLAUX et ABADIE, après avoir visité CONSTANTINE et les alentours de cette ville extraordinaire, conçurent l'idée d'en dresser le plan et, en l'exécutant, de le réduire à des proportions qui leur permissent de le transporter et d'en retirer le fruit qu'ils s'en étaient promis. Ils se mirent donc à l'œuvre, et, à force de travail et de soins, ce plan fut exécuté en relief, non en pierre, ni en fer, ni en bois, comme on en emploie ordinairement dans toutes les constructions monumentales, mais en liége !... Concevez-vous combien il a fallu à MM. Duclaux et Abadie de patience pour tailler, couper ou rogner, avec exactitude, tous les compartiments indispensables à la construction d'une ville entière !... C'est presque inimaginable ; si nous n'avions vu et apprécié, à sa juste valeur tout ce qu'il y a de remarquablement beau dans cette construction artistique, vraiment nous n'aurions jamais pu croire que la patience de l'homme en fût arrivée à ce point ! C'est cependant celle que MM. Duclaux et Abadie ont montrée, et c'est là une justice à leur rendre ; car ils l'ont méritée. Leur plan représente, avec une exactitude parfaite, la ville de Constantine telle qu'elle est restée depuis l'année 1837, époque à laquelle les Français l'assiégèrent et en firent la conquête.

C'est donc à juste titre qu'on a surnommé ce plan la huitième merveille du monde !... C'est en effet une œuvre des plus admirables, qui, dit-on, a coûté, aux deux artistes qui l'ont exécutée, douze années d'un travail exclusif. Or, on peut dire, sans crainte d'être contredit, que jamais le génie humain n'a fait preuve de plus de persévérance et de hardiesse. Cet ouvrage, disons le mot, est un chef-d'œuvre d'art, et nous pourrions ajouter encore qu'il est unique en son genre.

Si les travaux des arts n'atteignent jamais à la perfection de la nature, ils peuvent souvent l'ap-

procher, même dans ce qu'elle possède de plus remarquable.

Telle a été la perfectibilité à laquelle sont parvenus
les deux artistes qui ont entrepris cet ouvrage de patience, nous dirons même de courage ; car ce n'est pas
toujours sans danger que, pour obtenir des points de
vue certains, ils se sont exposés à escalader ou à gravir
les rochers immenses et escarpés qui, comme un cercle
de fer, entourent CONSTANTINE ! Mais le résultat que ces
deux artistes ont obtenu de leurs travaux doit, depuis
longtemps, leur avoir fait oublier leur fatigue. Ce résultat a été d'autant plus flatteur pour eux que, partout
où ils ont offert ce plan à la vue du public, ils en ont
obtenu et mérité les plus grands éloges. En effet la
représentation de la ville de CONSTANTINE est tellement
exacte qu'en la regardant, soit de près ou de loin, on
croit n'être plus en France ! Ce n'est plus là une illu-
sion, c'est une réalité.

Ce plan représente, sur une superficie de plus de
quarante mètres, CONSTANTINE posée comme un nid
d'aigle sur la cime d'un rocher, du haut duquel l'œil
mesure avec épouvante les profondeurs de l'abîme. C'est
CONSTANTINE avec ses fortifications, qu'elle doit à la nature, avec ses monuments anciens et modernes, ses
palais des beys, ses minarets, ses mosquées, enfin avec
ses constructions les plus riches et ses constructions
les plus misérables ; tout cela exécuté avec la plus mer-
veilleuse perfection.

Par sa situation topographique, par ses vieilles tra-
ditions autant que par ses monuments et sites curieux

que la nature et l'art ont créés dans Constantine, cette ville peut être considérée comme sans égale dans l'univers ; nous devons d'autant plus le croire que rien n'a indiqué jusqu'à présent qu'il y eût, même sur la surface du globe, une seule ville pareille à Constantine ; surtout renfermant, comme elle, autant de monuments et de sites remarquables, dont aucun d'eux n'a été omis ni oublié par MM. Duclaux et Abadie.

L'un d'eux, M. Abadie, voulant donner immédiatement aux spectateurs la connaissance de Constantine, a fait placer, sur chaque monument et site curieux de cette ville, *cinquante-deux numéros d'ordres* aux moyens desquels, en les suivant de 1 à 52, d'après la nomenclature indiquée ci-dessous, il leur sera facile de s'instruire de tout ce qu'ils désirent savoir.

Afin que chacun puisse visiter ce *chef-d'œuvre d'art* (1) qui reproduit si fidèlement cette ville arabe et les ravins qui l'entourent, dont la profondeur moyenne est de 600 pieds. Le *prix d'entrée vient d'être porté à* 50 *cent. par personne,* et moitié prix pour les militaires *non-gradés.*

NOMENCLATURE INDICATIVE

DD TOUS LES MONUMENTS ET SITES CURIEUX DE CONSTANTINE.

1. Brèche, endroit par où les Français prirent Constantine ;
2. Porte de la Brèche, appelée par les Arabes *Bab-el-Oued ;*
3. Bâtiment qui faisait partie de la défense de la ville, et dans lequel se trouve l'embrasure où était le canon qui tua le général Damrémont ;
4. Remparts construits par les Arabes ;
5. Porte intérieure où a été tué le colonel Combes ;
6. Mur romain ;

(1) Il est visible tous les jours, dans la salle du foyer du *Casino des Arts,* boulevart Montmartre, n. 12.

7. Caserne des janissaires d'où sortit la troupe qui attaqua la colonne
     d'attaque du colonel Combes ;
8. Porte Djidit ;
9, Porte Djibia :
10. Tour romaine ;
11. Dar el Bey, ancien palais ;
12. Batterie basse, massif de maçonnerie romaine ;
13. Place du palais telle qu'elle était quelques jours après l'occupation de
     CONSTANTINE par les Français.
14. Palais du dernier Bey ;
15. Ancien palais d'Anglis Bey ;
16. Place de la Casbah ;
17. Hôpital militaire :
18. Roche de la femme adultère, 600 pieds de hauteur ;
19. Canal qui conduit les eaux du Rhummel aux usines de M. Lavis ;
20. Rhummel, rivière ;
21. Deux ponts naturels sur le Rhummel ;
22. Voûtes sous lesquelles passe le Rhummel ;
23. Cascade ;
24. Arsenal :
25. Montagne de Sidi-Messid ;
26. Bâtiment de l'union Coudjia ;
27. Citernes romaines les plus considérables que l'on connaisse ;
28. Caravansérail ;
29. Hôpital civil ;
30. Deux batteries de construction arabe ;
31. Porte el Kantara ;
32. Pont d'el Kantara construit par les Romains sur une voûte naturelle
     du Rhummel, et restauré par un maçon mahonnais en 1816 ;
33. Minaret sur la place du Brèche ;
34. Id.   de la mosquée Sidi-Debby ;
35. Id.   id.   Sidi-Ammar-Ouazen ;
36. Id.   id.   Sidi-Aly-Makhlouf ;
37. Id.   id.   Gemma-el-Kébira ;
38. Id.   id.   Gemma-Soc-el-Klozil ;
39. Id.   id.   Sidi-el-Ferradj ;
40. Id.   id.   Sidi-Adjem ;
41. Id.   id.   Sidi-Narrach ;
42. Id.   id.   Sidi-Laskra ;
43. Id.   id.   Sidi-Kamnich ;
44. Id.   id.   Salab-Bey ;
45. Id.   id.   Rab-el-Saut ;
46. Id.   id.   Sidi-Gonmeri ;
47. Id.   id.   Sidi-Boumaza ;
48. Id.   id.   Arbaim-Chérif ;
49. Id.   id.   Sidi-Abdellah ;
50. Id.   id.   Sidi-Saffar ;
51. Id.   id.   Sidi-Kerema ;
52. Id.   id.   Sidi-Pisar.

SIÉGE

ET

PRISE DE CONSTANTINE.

(1837.)

Peuple ! nos étendards sont partout triomphants ;
Partout, disait Ahmed (1), la puissance divine
A chassé pour jamais l'ennemi des croyants !...
Il n'approchera plus des murs de Constantine.

Mais Ahmed paraissait abattu, soucieux,
Il ignorait le sort qui l'attendait encore :
Des Francs, se disait-il, je suis victorieux,
Et pourtant je crois voir le drapeau tricolore !...

Cet étendard des Francs, si grand par souvenir,
Vient troubler mon repos ; je le vois même en rêve :
S'il est vrai qu'en ces lieux les Francs vont revenir,
Avec moi plus de paix..., avec moi plus de trève.

Alors plus de pitié : mort aux Francs ! dit Ahmed,
Point de grâce pour eux, qu'ils sachent me connaître ;
Je saurai me servir du nom de Mohammed ! (1)
Et ce seul talisman les fera disparaître !

Ahmed voit de ses mains le glaive s'échapper ;
Il sait que son pouvoir à chaque instant décline,
Mais que pour l'affermir il peut encor tromper
Tous ceux dont le soutien doit sauver Constantine.

Peuple ! de votre Bey écoutez cet avis :
Les Francs sont revenus armés par la vengeance ;
Il nous faut triompher ou rester asservis.
Choisissez : ou la mort ou notre indépendance.

(1) Bey de Constantine, pendant le siége de cette ville.
(2) Prophète des croyants ; en langue française : *Mahomet.*

Préservons-nous ainsi de leur contagion ;
Oui, frappons ces Chrétiens à notre Dieu rebelles !
En combattant pour lui, pour sa religion,
Nous serons les vainqueurs de tous ces infidèles !...

Au nom de Mohammed, dignes fils du désert,
Partez, et des Chrétiens apportez-nous la tête !
Quand on aime son Dieu, c'est ainsi qu'on le sert :
Bédouins (1), combattez tous pour notre saint prophète !

De nombreux cavaliers, couverts de burnous blancs,
Apparaissent au loin tels qu'un épais nuage ;
Ils accourent vers nous pour attaquer nos flancs ;
Mais nous marchons sur eux, et le combat s'engage.

Ainsi que sur les mers les flots impétueux
Surmontent très souvent jusqu'aux plus grands obstacles,
Dans les champs africains nos soldats valeureux
Contre leurs ennemis, enfantent des miracles.

Le carnage est affreux ! Entre les combattants
La victoire paraît quelque temps incertaine ;
Mais nos braves soldats, par des faits éclatants,
De ces avant-coureurs débarrassent la plaine.

Ce farouche ennemi, qu'on croyait terrassé,
Reparaît de nouveau sur chaque monticule ;
Poursuivi chaque jour et partout repoussé,
Vers Constantine alors promptement il recule.

Ahmed ne peut donc plus douter de nos succès ;
Les Bédouins, sur lesquels sa puissance domine,
Ont été tour à tour battus par les Français,
Qui s'approchent déjà des murs de Constantine.

(1) Les Bédouins, ou hommes du désert, désignés par le nom de *Scenites* (vivant sous les tentes), sont dispersés par familles, habitent les rochers, les cavernes, les ruines et les lieux écartés où il y a de l'eau ; d'autres, réunis par tribus, campent sous des tentes et voyagent constamment, tantôt dans le désert, tantôt sur le bord des fleuves, ne faisant de cas du sol qu'autant que leur intérêt, leur sûreté et la subsistance de leurs troupeaux les y attachent. Toutes les tribus de l'Afrique mènent, à peu près, le même genre de vie, ont les mêmes usages et les mêmes mœurs. Les Bédouins proprement dits, ne sont ordinairement regardés, dans tout l'Orient, que comme des voleurs et des vagabonds.

Après avoir marché d'un pas précipité
Contre tous ces Bédouins fuyant tête pour tête,
Nos soldats sont enfin devant cette cité
Dont l'honneur de la France exige la conquête.

Ahmed n'a plus d'espoir ; il faut vaincre ou mourir.
Il demande à traiter : on consent à l'entendre ;
N'ayant pu nous tromper, il croit devoir s'enfuir
Et laisser à ses chefs le soin de le défendre.

Chacun de nos soldats brûle de prendre part
A l'assaut qu'on attend, au combat qu'on espère ;
Tous sont impatients de monter au rempart
D'où partent à la fois mille foudres de guerre.

Du haut de ce rempart l'orgueilleux Africain
Menace nos soldats. Sa rage et sa colère
S'expriment par l'effet du fer qui, dans sa main,
Réflète du soleil la brillante lumière.

Nos soldats irrités, par cet acte insultant,
Supportent à regret une pareille audace :
Mais l'ordre d'attaquer arrive dans l'instant,
Et dès lors les boulets pleuvent sur cette place.

Contre cette cité les coups bien dirigés
Ont produit sur les murs un effet remarquable,
Et, malgré la fureur de tous les assiégés,
La brèche vient offrir un accès praticable.

On ordonne l'assaut ; à ce cri répété
Nos soldats sont montés sur la brèche en ruine ;
Là, tout vient démontrer leur intrépidité,
Et leur désir ardent de prendre CONSTANTINE.

Le lieutenant d'Ahmed (1) excite les croyants ;
Constantine à nos yeux se perd dans la fumée ;
Du haut de ses remparts les feux sont foudroyants ;
Mais ils n'arrêtent point l'élan de notre armée.

D'un boulet ennemi Damrémont est frappé !..,
Il meurt entre les bras d'un de ses frères d'armes !

(1) Ben Aïça.

Du brave Perregaux, qui, de sang tout trempé,
Ne pense pas au sien se mêlant à ses larmes.

Nos soldats entraînés par cette noble ardeur,
Du dernier bastion ont franchi la courtine ;
Les Africains, surpris et frappés de terreur,
Se sont tous rassemblés au sein de CONSTANTINE.

Poursuivis, repoussés et partout talonnés,
Ils ont par devant eux élevé des barrières,
Et de tous nos exploits, surpris et consternés,
Ils ne combattent plus que par des meurtrières.

Leurs feux sont bien nourris, et leurs coups, trop heureux,
Apportent dans nos rangs le plus affreux ravage ;
Mais toujours les Français, vainqueurs et généreux,
Par pitié des vaincus arrêtent le carnage.

Le destin de leur sort avait fixé l'arrêt !...
Mais s'il est des Français que leur pays déplore,
D'autres ont pu revoir, sur chaque minaret,
Flotter cet étendard dont la France s'honore !

Si parfois, au milieu de ces sanglants débats,
Le trépas vient frapper l'enfant de la victoire,
Des héros succombant, même après les combats,
Notre patrie en deuil en garde la mémoire.

Que de braves, hélas !... dans l'éternel repos
Ne pourront obtenir l'honneur qu'on leur destine ;
Mais on dira partout : *Ils sont morts en héros,*
En faisant écrouler les murs de CONSTANTINE !

Pour réparer des maux si grands et si cruels
Où pourrait-on trouver la digne récompense ?....
Ah ! citons, ici-bas tous ces noms immortels :
Damrémont, Perregaux, Combes et Richepanse !...

Le fier Ahmed croyait rester victorieux,
De nos soldats encor se mettre à la poursuite;
Mais ils ont su tromper cet espoir orgueilleux :
CONSTANTINE est à nous, et lui seul est en fuite !..

FIN.

www.ingramcontent.com/pod-product-compliance
Lightning Source LLC
Chambersburg PA
CBHW050742070726
47597CB00009B/4030